AF254111

ÉTAT ACTUEL

DES

ANCIENS PARTIS MONARCHIQUES

ET NOTAMMENT

DU PARTI LÉGITIMISTE.

Paris. — Impr. de Pommeret et Moreau, quai des Grands-Augustins, 17.

ÉTAT ACTUEL

DES

ANCIENS PARTIS MONARCHIQUES

ET NOTAMMENT

DU PARTI LÉGITIMISTE

OU

QUE FERA L'ASSEMBLÉE LÉGISLATIVE?

Par M. ÉDOUARD DUBREUL,

Représentant du Peuple (Aveyron).

PARIS,

CHARPENTIER, LIBRAIRE-ÉDITEUR,

PALAIS-NATIONAL, GALERIE D'ORLÉANS, 16.

Que fera l'Assemblée législative ? Telle est la question qui s'élève de toutes parts, et certes il n'y a pas lieu de s'étonner de cette préoccupation universelle, car l'Assemblée législative tiendra dans ses mains les destinées de la France, plus complétement encore que ne les a tenues l'Assemblée constituante. Lorsque cette dernière Assemblée est arrivée aux affaires, la révolution était faite, la République était proclamée; il s'agissait donc plutôt pour elle de régulariser que de fonder. L'Assemblée législative au contraire, soit qu'elle respecte la Constitution, soit qu'elle la viole, pourra amener des modifications profondes dans l'état politique de la France. Comment ne se demanderait-on pas, au moment où elle va être élue, ce qu'elle voudra, ce qu'elle pourra faire?

C'est à cette question que je viens tâcher de répondre aujourd'hui : membre de l'Assemblée constituante, des circonstances particulières m'éloignent momentanément de la scène politique, et j'ai demandé à mes concitoyens de ne pas m'envoyer à l'Assemblée législative. Je n'en suis peut-être que mieux placé pour juger sainement le rôle que cette assemblée est appelée à jouer.

J'énoncerai mes idées avec une entière franchise et sans aucune réticence. Je ne suis pas depuis assez longtemps membre d'un parlement, pour avoir pris l'habitude du langage soi-disant parlementaire, qui n'est trop souvent que l'art de déguiser sa pensée. Nous sommes d'ailleurs à une de ces époques solennelles dans la vie des nations, où les hommes de cœur et de conviction doivent dire tout ce qu'ils pensent, sans ménagements et sans circonlocutions.

Je dois déclarer avant de commencer mon travail que je ne suis pas républicain de la veille, pas même du lendemain ; j'ai accepté la République comme la seule forme de gouvernement possible dans les circonstances où nous nous trouvions. Avant le 24 février, j'étais légitimiste, et je le suis encore de conviction, quoique très-sincèrement soumis à la Constitution, *que j'ai votée*, et au suffrage universel dont elle est émanée. Ces opinions perceront nécessairement dans le cours de cet écrit, malgré toute l'impartialité que je m'efforcerai d'y apporter : mais j'ai mieux aimé les proclamer bien catégoriquement dès le début, afin que le lecteur sût tout de suite à quoi s'en tenir. J'ai dit qu'il fallait aujourd'hui des positions franches et nettes, et je m'empresse de mettre, en ce qui me concerne, l'exemple à côté du précepte.

Que fera l'Assemblée législative? J'entends de divers côtés répondre résolument, qu'elle sera monarchique, et que son premier soin sera de violer la Constitution, de renverser la République et de rétablir la monarchie!

Parmi les voix nombreuses qui font entendre cette réponse dont on voit que je ne déguise pas la gravité, je reconnais celles de républicains exaltés, qui ne pensent pas ce qu'ils affirment, mais qui se font de ces pronostics intéressés une arme de guerre dans la grande lutte électorale; celles de républicains sincères, mais un peu naïfs, qui ne pouvant pas encore revenir de l'étonnement que leur a causé l'établissement de la République, craignent toujours qu'on vienne souffler sur ce beau rêve, de la réalité duquel ils ne sont pas encore bien assurés; celles enfin de quelques hommes du parti modéré, plus soucieux du présent que de l'avenir, et sacrifiant tout à ce présent, qui n'est rien cependant dans la vie d'une nation. Mais si, pour être impartial, j'ai dû énoncer cette dernière catégorie, je dois, pour être juste, ajouter qu'elle est bien peu nombreuse.

Y a-t-il quelque chose de fondé dans ces pronostics ?

Je me hâte de déclarer bien haut que je ne le pense pas. Mais comme une affirmation ne suffit pas, surtout

en pareille matière, je vais dans une revue rapide expo-
ser quels sont les motifs de ma conviction.

Il est impossible de pressentir d'une manière exacte
quel sera le résultat des prochaines élections, car le
suffrage universel renferme dans ses flancs des mystères
impénétrables, dont le dépouillement du scrutin donne
seul la révélation. Il est cependant vraisemblable qu'une
grande majorité sera obtenue, non seulement par le
parti modéré, mais encore par les hommes de ce parti
dont les antécédents sont essentiellement monarchiques.
J'admets donc *jusque-là* les pronostics dont j'ai parlé
tout à l'heure, et je pose pour bases des raisonnements
auxquels je vais me livrer, que les deux tiers des membres de l'Assemblée législative appartiendront aux anciens partis monarchiques.

Alors même que la proportion serait plus forte, et
que les républicains de la veille seraient réduits à une
minorité presque illusoire, je n'en persisterais pas moins
dans l'opinion que j'ai déjà énoncée et que je vais essayer
de justifier. Je le dis afin de prévoir toutes les hypothèses, et de ne rien laisser en dehors de mes prévisions et
de mes raisonnements. On verra d'ailleurs, dans les développements qui vont suivre, que les questions de chiffres et de statistique ne sont pour rien dans les motifs
sur lesquels se fonde mon opinion.

Je dis que la Constitution ne sera pas violée par l'Assemblée législative, et en vérité je pourrais m'étonner
que cette violation soit considérée comme possible, pro-
bable même! Mais tant de révolutions ont passé sur la
France, tant de constitutions ont tour à tour été déchi-
rées après une courte durée, tant de scepticisme s'est
attaché pour les saper aux institutions politiques les plus
importantes, que le respect auquel les constitutions auraient naturellement droit s'est inévitablement affaibli!

Mais jamais, à mon sens, une constitution ne mérita
mieux d'être respectée que celle de 1848, parce que le
droit électoral ne s'est jamais aussi complétement, aussi
universellement exercé, que dans les élections desquelles

est sortie l'assemblée qui a voté cette Constitution.

Je sais bien que l'on allègue que la nation n'a pas été appelée à sanctionner par son vote cette Constitution, et que ce défaut de sanction entraîne une nullité radicale; mais cette allégation me touche peu, et cependant je suis du très-petit nombre de ceux qui ont voté pour que la Constitution fût soumise à la ratification du pays. Je ne puis pas en effet me dissimuler que l'Assemblée nationale de 1848 avait été nommée avec le mandat formel de faire la Constitution, et que l'appel à la nation pour la ratification de ce grand œuvre, était plutôt une affaire de convenance qu'une condition rigoureuse de validité.

N'est-il pas d'ailleurs certain que le résultat de cet appel eût été parfaitement favorable à la Constitution, et que la ratification eût été votée à une immense majorité? Les précédents en pareille matière ne peuvent laisser aucun doute à cet égard, car ils nous montrent que, dans des circonstances analogues, les protestations furent tout à fait isolées, et n'eurent aucune importance politique.

Elles auraient été plus nombreuses, je le reconnais, en 1848, parce que les circonstances étaient différentes; mais l'état des partis, dont je vais tout à l'heure chercher à tracer un tableau aussi fidèle que possible, aurait inévitablement maintenu ces protestations à l'état de très-faible minorité.

L'absence d'appel au peuple ne peut donc vicier, ni en fait ni en droit, la Constitution de 1848.

Si l'Assemblée constituante avait eu l'absurde prétention d'engager l'avenir de la France, et d'imposer à toujours et à jamais sa Constitution aux générations futures, on comprendrait que cette sorte d'usurpation anticipée, soulevât de vives et immédiates réclamations, et amenât même l'annulation violente de la Constitution; mais, grâce au progrès de nos mœurs politiques, et grâce surtout au bon sens dont l'Assemblée nationale a donné tant de preuves, non seulement les générations à venir ne sont pas enchaînées, mais même, dans un terme très-rapproché, les modifications qui auraient été reconnues nécessaires, quelque radicales qu'elles puissent être, pourront être légalement apportées à la Constitution. Cette sage disposition, imitée de la Constitution américaine, enlève aux plus ardents et aux plus hostiles le prétexte même d'une violation : on ne brise en effet que ce qu'on ne peut pas modifier.

A un autre point de vue, la Constitution de 1848 mérite encore tous les respects de l'Assemblée législative : l'un des plus impérieux besoins de l'époque actuelle n'est-il pas, en effet, le rétablissement du principe d'autorité ? La liberté a obtenu maintenant tout ce qu'elle pouvait obtenir, soit en réalité, soit par les promesses de la Constitution, et ses conquêtes sont assurées pour toujours ; mais l'autorité qu'est-elle devenue ? La monarchie ayant été renversée, la nation a repris tous les droits qu'elle lui avait autrefois délégués ; puis il y a eu une délégation nouvelle, et c'est à l'Assemblée constituante qu'elle a été donnée par la force même des circonstances.

Les hommes d'ordre doivent donc donner l'exemple du respect pour cette autorité suprême qui, si elle disparaissait, ne laisserait après elle que l'anarchie et le chaos. Si l'autorité était méconnue dans ses représentants les plus directs, les plus incontestables, par ceux qui en sont les défenseurs naturels, comment pourrait-on espérer de reconstituer jamais un gouvernement durable, et comment pourrait-on demander du respect pour ce gouvernement nouveau, si l'on parvenait à le fonder ? N'aurait-on pas à redouter la peine du talion, cette peine si souvent appliquée, si souvent subie en politique, cette peine équitable, contre laquelle on ne saurait trop se prémunir par une vigilance et une moralité incessantes ?

L'Assemblée nationale de 1848 avait donc le droit de faire ce qu'elle a fait ; son mandat était formel et incontestable, il était écrit par les circonstances elles-mêmes. La Constitution qu'elle a donnée à la France doit donc être respectée ; elle doit l'être surtout, puisqu'elle a réservé les droits de l'avenir, et laissé une porte toute grande ouverte aux améliorations, aux progrès et aux modifications de tout genre.

S'il en est ainsi, il n'y a pas, ce me semble, de présomption à affirmer que la Constitution ne sera pas violée. Il n'y a pas d'imprudence à se porter garant du respect qu'une grande assemblée française aura pour les principes conservateurs des sociétés humaines, et à proclamer bien haut que l'on calomnie d'avance cette assemblée qui va sortir du suffrage universel, lorsque l'on prétend qu'elle portera une main sacrilége sur une constitution légalement établie par les élus du suffrage universel. Il me suffit, quant à moi, de savoir qu'elle ne doit pas le faire pour affirmer qu'elle ne le fera pas !

Mais nous vivons, je l'ai déjà dit, dans un siècle sceptique, et les motifs tirés uniquement de la rigueur des principes n'apportent pas toujours avec eux une grande autorité, parce qu'on n'est plus guère disposé à croire à l'observation consciencieuse de ces principes. *Le droit et le devoir* sont des mots dont on se sert encore, mais qui, aux yeux de bien des personnes, n'expriment plus qu'une théorie dénuée de sectateurs.

En règle générale, pour savoir ce qu'une personne, et à plus forte raison une assemblée fera, on recherche préalablement et uniquement ce qu'elle aura intérêt à faire : et comme en politique, la morale est encore plus relâchée qu'en toute autre matière, on applique cette formule d'investigations, aux questions politiques, plus généralement et plus impitoyablement encore qu'à toutes autres.

J'ai en conséquence dû prévoir que les premiers motifs rapidement énoncés à l'appui de mon opinion, étant uniquement tirés du droit, seraient trouvés faibles et insuffisants; qu'ils auraient besoin d'être corroborés par des considérations puisées dans les faits, et dans l'intérêt même des différentes fractions politiques qui composeront l'Assemblée législative.

Ici ma tâche devient facile : il ne s'agit en effet que de résumer les faits les plus simples, les plus élémen-

taires, les plus connus de tout le monde, pour démontrer clairement et invinciblement que l'Assemblée législative ne touchera pas à la constitution, qu'elle n'aura
aucun intérêt à le faire, et qu'elle aura au contraire un
immense intérêt à se renfermer dans l'observation et la
défense de cette constitution.

Si l'on prétendait que l'Assemblée législative voudra,
par opposition systématique et absolue, renverser la
République, sans se préoccuper de ce qu'elle mettra à
la place, je prouverais facilement qu'une grande assemblée, composée d'éléments essentiellement conservateurs, ne se jette pas de gaîté de cœur dans les incertitudes et les périls d'une révolution, et que le projet
qu'on lui prête est insensé.

Mais on ne va pas jusque-là, et lorsque l'on affirme
que l'Assemblée législative renversera la République,
on s'empresse d'ajouter que ce sera pour rétablir la
monarchie.

Rétablir la monarchie! et laquelle demanderai-je tout
de suite? Car depuis cinquante ans, nous en avons eu
trois qui se sont succédés sur le trône, à des intervalles
presque périodiques : cette simple question renferme
évidemment le germe de toute la réfutation des idées
que je combats : oui, je le répète, qu'elle est celle des
monarchies qui ont successivement régné sur la France,
qu'il peut être question de reconstituer aujourd'hui?

La démonstration de l'impossibilité absolue de toute
restauration monarchique dans les circonstances où nous
nous trouvons, exige que je passe rapidement en revue
les divers partis, qui, réunis aujourd'hui dans un intérêt social commun, et dans des répulsions et des
craintes communes, n'en conservent pas moins une
partie de leurs dissidences anciennes, et sont encore
loin d'avoir une volonté, des affections et des espérances identiques.

Cette revue en dira plus que tous les raisonnements,
car il en résultera d'une manière évidente, que les anciens partis monarchiques ne sont pas encore devenus
homogènes, qu'ils existent toujours dictincts et séparés,

et que, par conséquent, le concert dont je combats la possibilité ne peut pas s'établir pour renverser la constitution et la République.

LE PARTI LÉGITIMISTE.

Le parti légitimiste a vu sans effroi, sans répugnance et même avec une certaine joie, la révolution de février ; l'établissement de la République lui a sans doute causé de vives préoccupations, par les douloureux souvenirs que cette forme de gouvernement apportait naturellement avec elle ; mais il a bien vite compris que la République de 1848 ne pouvait pas ressembler à celle de 1793, parce que les circonstances étaient bien différentes, soit au dedans, soit au dehors. La chute de Louis-Philippe désirée depuis si longtemps par les légitimistes, et à laquelle ils avaient contribué de leur mieux par une opposition de dix-huit années, les prédisposait d'ailleurs assez favorablement, il faut le dire, pour une révolution qui avait accompli ce grand fait, qui à leurs yeux, dans les premiers temps surtout, domina la situation.

Les sentiments que je viens de rappeler furent à peu près unanimes, et ils expliquent la facilité avec laquelle la République s'établit dans toute la France, sans secousses, sans froissements, et avec une sorte d'unanimité qui étonne un peu aujourd'hui, quand on ramène ses souvenirs sur ces étranges événements.

Les légitimistes, vaincus et repoussés depuis dix-huit ans, avaient vu la peine du talion appliquée à celui qu'ils considéraient comme l'un des principaux instigateurs de la révolution de 1830, et certes ils étaient loin de se considérer comme vaincus, en présence d'un semblable résultat.

La révolution de février devait d'ailleurs nécessairement amener, et proclama en effet, le triomphe immédiat du suffrage universel, et l'on sait avec quelle constance et quelle ténacité les légitimistes avaient revendiqué depuis dix-huit ans ce droit imprescriptible, qu'ils avaient aussi réclamé dans les premières années de la restauration.

Le publiciste éminent qui s'était placé à la tête de cette patriotique et intelligente croisade vient, hélas! de descendre dans la tombe, après avoir vu le succès couronner ses opiniâtres et courageux efforts : il n'a pas vu se dérouler toutes les conséquences qu'il attendait de cette victoire; mais sa foi dans ses principes était si vive, si ardente, que sa chaleureuse imagination a dû lui faire goûter par anticipation toutes les délices de cette terre promise qu'il avait entrevue le premier, et dans laquelle il était si digne d'entrer!!

Une révolution dont un des premiers actes, était l'inauguration du suffrage universel, devait donc trouver grâce, sinon faveur, auprès des légitimistes. Pour eux en effet le suffrage universel était l'application du droit à la politique; il pouvait consacrer ou condamner leurs espérances; mais du moins la France aurait été appelée à se prononcer, et toutes les incertitudes, toutes les équivoques, tous les mal-entendus, qui planaient depuis soixante ans sur le pays, seraient à jamais dissipés!

La République ne rencontra donc tout d'abord aucune hostilité parmi les légitimistes; plus tard, il est vrai, différents actes du gouvernement provisoire soulevèrent de vives réclamations : l'agitation révolutionnaire que l'on sema sur toute la France à l'occasion des élections, trouva surtout chez eux une répulsion d'autant plus vive, que cette agitation tendait à fausser le suffrage universel : plus tard encore, les légitimistes sont entrés des premiers, dans la grande ligue du bien public, qui s'est spontanément formée après le 15 mai et les journées de juin, contre les envahissements et les dangers toujours imminents de l'anarchie révolutionnaire ou socialiste. Mais de là à une hostilité directe et systématique contre la République, il y a bien loin.

Sans doute la proclamation de la République n'a pas subitement converti les légitimistes, en ce sens qu'ils soient devenus des républicains de conviction; sans doute ils croient encore à la supériorité de leur principe; ils sont convaincus que ce principe, dégagé de quelques abus, qui dans le passé, bien loin de le servir, ont au contraire compromis son existence, et que le progrès des temps a fait disparaître pour toujours, ils sont convaincus, dis-je, que ce principe, appuyé sur le suffrage universel, est plus compatible que tout autre avec la liberté; qu'il renferme plus de garanties pour le bonheur intérieur de la France, et pour sa dignité au dehors; que tous les progrès, toutes les améliorations réalisables, et dont les convulsions politiques retardent l'heure au lieu de l'avancer, s'opéreraient facilement et sans secousses, à l'ombre de ce principe séculaire; ils pensent enfin que les intincts, les habitudes, les mœurs, l'industrie, le génie de la France sont monarchiques, et que notre nation, comme l'a dit un grand homme d'état, est heureuse d'avoir une famille aussi ancienne, aussi glorieuse que celle des Bourbons pour régner sur elle, puisqu'elle est destinée par la Providence à avoir des rois !

Qu'il me soit permis de faire remarquer que s'il y a peu de républicanisme dans ces convictions très-sincères, il y a aussi très-peu de droit divin : il est vrai que c'est aujourd'hui la République qui, aux yeux d'un grand nombre de ses partisans, possède ce privilége du droit divin, qui la place dans une sphère inaccessible à la souveraineté nationale elle-même! Convenons qu'il est assez curieux, lorsque le droit divin de la monarchie est abandonné de tous, comme une vieillerie condamnée par la raison, de la voir ressusciter au profit de la République, dont les sectateurs ont si longtemps poursuivi de leurs sarcasmes, ce prétendu dogme *des demeurants d'un autre âge!* Mais tout se voit en temps de révolution, et les inconséquences sont surtout ce qui abonde au milieu des agitations politiques !

Oui, je le répète il y a peu de droit divin dans les

opinions des légistimistes, mais, en revanche, il y a un grand amour de leur pays, et une immense préoccupation de son bonheur et de sa gloire!

L'on comprend que la proclamation de la République n'a pas pu refaire, par enchantement, toute leur éducation politique et modifier radicalement leurs convictions; mais s'ils demeurent convaincus de la supériorité de leur principe, ils ne se font nullement illusion sur son applicabilité actuelle : ils savent très-bien que ce principe ne peut porter ses heureux fruits, que s'il est universellement ou presque universellement accepté, et que nos soixante années de révolutions ont tellement fractionné les partis en France, que cette sorte d'unanimité est bien difficile à obtenir.

Or, ils ne font pas du triomphe de leurs opinions une question d'amour-propre ou d'intérêt personnel; ils désirent un triomphe durable et qui donne satisfaction à tout ce qu'il y a d'honnête dans le pays; ils n'en veulent pas à d'autres conditions, et comme celles-là sont impossibles à réaliser aujourd'hui, qu'elles le seront peut-être longtemps encore, ils attendent!

Ils attendent! Cette patience à laquelle ils sont accoutumés, que comporte leur principe, duquel on a pu dire, avec quelque vérité : *Patiens quia æternus*, et dont leur donne l'exemple le prince distingué qui est aujourd'hui le représentant de la légitimité, cette patience leur est devenue bien plus facile depuis l'établissement de la République, et surtout depuis l'élection du 10 décembre, qui a débarrassé la France des tendances révolutionnaires, qui l'avaient agitée pendant quelques mois.

La République, telle qu'elle existe aujourd'hui, leur paraît parfaitement tolérable, et ils n'ont pas la moindre hâte d'en sortir. Leur position est donc parfaitement nette, et je la résume en quelques mots :

Si le vœu universel, librement et légalement exprimé, dans les termes et délais de la Constitution, fait appel à leur principe, ils s'en réjouiront dans l'intérêt de la France, et penseront que l'on est entré dans le seul port où l'on puisse trouver le salut du pays.

Si, au contraire, la forme républicaine entre plus profondément dans nos mœurs ; si, contre leur attente, elle réalise les améliorations et les progrès auxquels ils tiennent bien plus profondément qu'à leurs opinions personnelles ; ou bien encore, si, au lieu de se fondre et de s'absorber dans la République ou dans la légitimité, les anciens partis subsistent parallèlement, avec leurs dissidences et leurs répulsions mutuelles, les légitimistes se renfermeront dans la République, et continueront, comme ils l'ont fait jusqu'à ce jour, à prêter un loyal concours aux hommes de bien de toutes origines politiques, qui travailleront à asseoir cette forme de gouvernement sur les bases de la moralité, de la modération et du progrès.

Qu'on le sache bien, en effet, les légitimistes ne reconnaîtront jamais un moyen terme entre la République et la légitimité ; ils ne donneront jamais les mains à une intrigue orléaniste ou bonapartiste : ils n'ont pas combattu pendant dix-huit ans le gouvernement de Louis-Philippe ; ils ne sont pas demeurés pendant dix-huit ans en dehors des affaires ; ils n'ont pas applaudi et travaillé à la chute de la quasi-légitimité, pour donner leur concours à une restauration orléaniste, et même pour ne pas combattre de toute leur énergie et de tous leurs efforts, toute tentative directe ou déguisée qui en serait faite. Ils préfèrent la République à toute combinaison monarchique autre que la légitimité, et il n'est pas d'intrigue si bien ourdie, d'habileté si merveilleuse qui puisse les faire tomber dans le piége d'une restauration quasi-légitimiste !

LE PARTI CONSERVATEUR.

Ce parti a dû nécessairement voir la révolution de février avec une douleur profonde. Cependant le sentiment des fautes immenses commises par les derniers conseillers de Louis-Philippe, était si général, que le coup de foudre de février, a trouvé plus de résignation qu'on n'avait dû s'y attendre dans les rangs des conser-teurs, et de ce côté non plus, l'établissement de la République n'a trouvé aucune difficulté ; ce n'est que lors-que les actes du gouvernement provisoire ou de la commission exécutive ont alarmé tous les hommes d'ordre, que s'est organisé ce que l'on a mal à propos appelé *réaction*, et qu'il eût été beaucoup plus vrai de nommer *résistance*.

Mais quel est l'état actuel de ce parti, et quelles sont les dispositions qu'il apportera au sein de l'Assemblée législative ?

Pour se mettre bien à même de résoudre cette question, il convient d'en examiner quels sont les éléments dont s'était successivement formé ce grand parti, pendant les dix-huit années du règne de Louis-Philippe.

La révolution de juillet se fit comme se font les révolutions : elle fut une application anticipée de la théorie que professait naguère M. Ledru-Rollin, c'est-à-dire le résultat d'un coup de main ; l'opposition qui avait précédé et préparé cette révolution, ne voulait certes pas aller aussi loin ; mais les masses, une fois mises en mouvement, le but fut bien vite dépassé, et la République apparut menaçante et imminente.

La royauté de Louis-Philippe, dont une très-petite coterie avait seule à cette époque rêvé la possibilité, fut alors une transaction acceptée avec empressement par tous ces opposants de la veille, qui, au milieu de leur victoire, avaient failli être les vaincus du lendemain. Ce sont là des faits incontestables et incontestés, mais qu'il est bon de rappeler quelquefois pour se rendre bien compte de l'état des partis.

Le gouvernement du 7 août 1830 eut tout de suite pour adhérents, ceux qui, n'étant pas très-vivement attachés à la légitimité, ou lui étant même hostiles, avaient cependant une grande répugnance pour la République, et une terreur instinctive de cette forme de gouvernement.

Ces adhésions immédiates, donnèrent dès les premiers moments une grande force au gouvernement de Louis-Philippe; les attaques dont ce gouvernement fut l'objet de la part des républicains, augmentèrent ces adhésions et cette force. Il y a en effet toujours eu, et il y aura toujours en France un très-grand nombre de citoyens, qui, étrangers à la politique, et indifférents au milieu des partis qui se disputent le pouvoir, ne demandent au gouvernement, quel qu'il soit, que la protection de leurs intérêts personnels, et celle des intérêts généraux les plus importants, et se rallient toujours au pouvoir de fait qui donne satisfaction à ces faciles exigences. Je n'accuse pas, je constate. Eh! comment s'étonner, en effet, qu'après nos soixante années de révolution, l'incertitude et l'indifférence aient glacé bien des cœurs, matérialisé bien des esprits, dérouté bien des intelligences!

Le gouvernement de la branche cadette rallia d'ailleurs tous les mécontents du règne précédent. Les bonapartistes, nombreux encore au moment de la restauration, étaient presque tous, par une assez curieuse métamorphose, entrés dans la grande ligue du parti libéral, et se trouvèrent tout disposés à adhérer à une révolution qui renversait la branche aînée des Bourbons. Après la mort du duc de Reichtadt surtout, leur adhésion fut à peu près unanime.

Enfin, par sa longue durée même, le gouvernement de 1830 avait successivement acquis un grand nombre de partisans. Une génération nouvelle l'avait trouvé établi, et s'y était tout naturellement rattachée : une fraction assez nombreuse du parti légitimiste, après avoir longtemps refusé son concours, avait été amenée par diverses circonstances à le donner aussi.

Je ne pousserai pas plus loin cette énumération ; mais je dirai que, vaincu par une surprise en février 1848, ce parti avait, au moment même de sa chute, une immense importance : tout le pays légal, depuis les ministères jusqu'aux plus humbles fonctions, était peuplé de ses adhérents, et un vaste réseau de fonctionnaires dévoués et habiles, couvrait la France entière de ses mailles serrées.

Les hommes du parti conservateur, en possession depuis dix-huit années de toutes les positions officielles et d'une immense majorité dans le parlement, s'étaient formés à tous les emplois, préparés à toutes les positions, aguerris aux lettres parlementaires, et avaient grandi en capacité et en habileté à tous les degrés de l'échelle politique. Ils avaient en cela un immense avantage sur les autres partis, et notamment sur les légitimistes, qui, repoussés de toutes les carrières publiques, s'alanguissaient dans l'inaction, et ne trouvaient un peu d'activité intellectuelle que dans les professions libres, ou dans la direction des travaux agricoles, auxquels, soit dit en passant, ils ont fait faire de très-grands, de très-utiles progrès.

Il en résultait, je le répète, un immense avantage pour le parti conservateur, qui, bien souvent, à l'époque de sa puissance, a dû s'appliquer avec quelque apparence de vérité, le mot du grand roi : *L'Etat, c'est moi !*

Telle était la position de ce parti au moment de la révolution de février ; il a conservé et conservera encore une grande apparence de cohésion et une grande influence sur le pays ; son innombrable état-major, depuis longtemps organisé, le sert admirablement pour cela.

Mais le seul fait de la révolution de février ne lui a pas moins porté un coup mortel et dont il ne se relèvera jamais.

J'ai dit avec l'histoire que la noyau du parti orléaniste avait été très-peu considérable antérieurement à la révolution de juillet, et que le parti conservateur dont je viens de retracer l'importance, s'était successivement formé d'agrégations peu homogènes, déterminées par la force des circonstances : la grande raison d'être de ce parti était son existence même, et c'est la crainte d'une révolution qui faisait, sinon sa seule force, du moins sa plus sûre garantie.

Or cette révolution tant redoutée est arrivée, et il est

évident pour tous ceux qui réfléchissent, que si ce parti conserve encore pendant quelque temps, par la force de la cohésion et de l'habitude, le nombreux état-major dont j'ai parlé, son corps d'armée doit tous les jours tomber en dissolution.

Il rendra peu à peu, et a déjà commencé de rendre aux autres partis ce qu'il leur avait pris.

Il rendra aux bonapartistes, reconstitués à l'état de parti, les mécontents qu'il avait recrutés dans leurs rangs, et que leur hostilité à la restauration avait associés au gouvernement né sur les ruines de la monarchie légitime.

Il rendra aux républicains les conquêtes individuelles qu'il avait successivement faites sur eux, lorsque le succès de la République paraissait un rêve d'une impossible réalisation.

Il rendra aux légitimistes la fraction assez nombreuse qui s'était ralliée à lui, mais qui, au fond de son cœur, conservait des préférences, auxquelles les événements ont permis aujourd'hui un libre essor.

Il rendra enfin, et a déjà rendu aux indifférents et aux sceptiques, ces masses nombreuses qui s'étaient rattachées à sa bonne fortune, à son organisation militaire, civile et judiciaire, à ses gendarmes et à son cours de bourse élevé, à la sécurité de ses rues et aux développements de son commerce..... Ces masses nombreuses, dès l'instant de sa chute, ont été acquises d'avance à tout gouvernement qui leur rendra en tout ou en partie ces garanties matérielles : elles ont été presque ralliées au général Cavaignac, et le sont complétement aujourd'hui à la présidence de Louis-Napoléon.

Dans cette situation des choses, il est évident que le parti conservateur ne peut nullement rêver la reconstitution du gouvernement déchu, et les craintes que manifestent à cet égard quelques personnes, et notamment une fraction du parti légitimiste, me paraissent tout à fait illusoires. Les hommes éminents du parti conservateur, alors même qu'ils conserveraient le désir d'une restauration orléaniste, ce qui ne m'est pas démontré, sont trop éclairés pour ne pas en reconnaître l'impossibilité absolue.

Lorsque la royauté de Louis-Philippe surgit tout à coup des événements de 1830, nous avons vu comment les adhésions lui étaient venues de tous les points de l'horizon politique; mais lorsqu'il s'agirait de la reconstituer, d'où lui viendraient ces adhésions? J'ai déjà dit que les légitimistes ne laisseraient jamais faire une restauration orléaniste, et qu'ils combattraient au premier rang pour l'empêcher; les autres partis ne se montreraient pas plus faciles, et les obstacles naîtraient de toutes parts.

Quelques hommes distingués, qui ont servi le gouvernement de juillet, avaient d'ailleurs pu croire de très-bonne foi, que la monarchie quasi-légitime, était une transaction devenue nécessaire, entre les vieilles idées monarchiques, et les nouveaux instincts révolutionnaires de la France; que le baptême de la souveraineté nationale, un peu irrégulier il est vrai dans sa forme, apporterait une grande force à la royauté nouvelle, et la mettrait à l'abri des révolutions; mais le succès n'a pas répondu à leur attente; ils ont pu voir que la royauté élue avait les mêmes adversaires que la royauté héréditaire, et qu'avec un principe de moins, on n'avait pas une plus grande sécurité.

Ils ont dû reconnaître, d'ailleurs, que vainement on avait voulu attribuer à la royauté nouvelle le privilége de l'hérédité, que ce privilége n'avait jamais été pris au sérieux, et que l'on se trouvait avoir établi en réalité la monarchie élective. Ils ont reconnu enfin que l'hérédité ne s'improvise pas, et que Napoléon était un profond penseur, lorsqu'il s'écriait : « Que ne suis-je mon petit fils ! »

Non, l'hérédité ne s'improvise pas : pour en demeurer convaincus, nous n'avons besoin que d'examiner ce qui se passe, ce qui se dit autour de nous. Ceux des partisans de la dynastie d'Orléans, qui pourraient désirer la restauration de la royauté à laquelle ils ont été attachés, ne seraient même pas d'accord entre eux, et se di-

viseraient en plusieurs coteries; les uns appelleraient
de leurs vœux le comte de Paris, en vertu du principe
d'hérédité écrit dans la Charte de 1830.

Les autres, préoccupés des difficultés d'une minorité
et d'une régence, et se souvenant que ces difficultés
contribuèrent fortement à faire rejeter le duc de Bor-
deaux en 1830, préféreraient, qui, le duc de Joinville,
qui, le duc d'Aumale, qui, le duc de Montpensier, qui,
le duc de Nemours..... Que sais-je? S'il y avait un plus
grand nombre de princes de cette famille, ils auraient
chacun leurs partisans!

Comment le parti conservateur qui, dans toute sa
puissance et avec toute la force que lui donnaient de
nombreuses adhésions, étrangères à tout sentiment orléaniste, n'a pas pu résister à la révolution, pourrait-il
aujourd'hui renverser le gouvernement issu de cette révolution, lorsqu'il a perdu, par la seule force des choses,
le plus grand nombre de ses auxiliaires, et qu'ainsi, ré-
duit à ses seules forces, il est encore disposé à les di-
viser sur quatre ou cinq noms, sans aucun souci de ce
principe d'hérédité, qui pouvait seul donner quelque
consistance à une dynastie nouvelle?

Il y aurait évidemment folie dans de pareilles illusions, qui, je le crois, n'existent nullement, ou n'existent que dans un très-petit nombre d'esprits, et il y a
peut-être quelque danger à s'en préoccuper comme le
font quelques-uns de nos amis. Ne donneraient-ils pas,
à leur insu, et contre leur gré, une importance factice à
des velléités qui n'en ont aucune, et qui ne peuvent
certainement pas germer dans l'esprit des hommes de
quelque valeur de l'ancien parti conservateur?

Ceux qui manifestent ces craintes tombent, je crois,
dans une confusion qu'il importe de dissiper :

Ils voient depuis l'inauguration du gouvernement
du 10 décembre, les hommes de l'ancien parti conservateur, un moment écartés par la révolution de
février, reprendre tous les emplois, retrouver leurs
anciennes positions, ou en obtenir de nouvelles, et se
reconstituer en quelque sorte à l'état *de pays légal*, sous

la République comme sous la quasi-légitimité ; ils les voient obstruer toutes les avenues électorales, au moment de la seconde épreuve du suffrage universel, se montrer envahissants dans les listes de candidats ; ils croient voir d'avance une majorité conservatrice, sortir des urnes électorales, et ils poussent un cri d'alarme !

Eh bien ! je le répète, ceux de nos amis qui manifestent de si vives craintes, me paraissent confondre deux choses, cependant bien distinctes : je pense que les conservateurs ont abdiqué tout projet, tout espoir, peut-être même tout désir de reconstitution d'une monarchie quasi-légitime, mais ils n'ont certes pas abdiqué leur influence, leur position et leurs prétentions personnelles, et vraiment on ne peut pas exiger qu'ils aillent jusque-là ! J'ai déjà dit que la France entière était couverte de leur innombrable état-major, naguère tout entier en activité de service, et ne demandant naturellement qu'à conserver ou à reprendre cette activité : leur accaparement des emplois depuis le 10 décembre, a tenu en grande partie aux positions acquises, et aux précédents de dix-huit années de monopole.

Je suis loin d'approuver cet accaparement : après le 10 décembre, lorsque l'on a modéré le mouvement révolutionnaire, on a dû vouloir que le gouvernement républicain fût en réalité le gouvernement de tous ; on a affirmé du moins qu'il en serait ainsi, et la France a pris acte de cette promesse, sans l'exécution de laquelle la République ne serait qu'un mensonge ; elle n'a pas encore été tenue, et les républicains modérés, comme les légitimistes, ont à se plaindre d'avoir été trop négligés, trop repoussés ; mais j'aime à croire que cela tient à une sorte de respect des droits acquis, à une sorte de réparation des brutalités du gouvernement provisoire, à une habitude prise depuis dix-huit ans, plutôt qu'à un système arrêté et à un parti pris d'exclusion. Si donc je condamne autant qu'un autre, les envahissements de tout genre des hommes appartenant à l'ancien parti conservateur, je ne sais pas y voir un symptôme de restauration orléaniste, et je ne sais pas m'en effrayer à ce point de vue.

Si les conservateurs ont abdiqué toutes prétentions, toutes espérances pour la famille d'Orléans, il est bien évident que dans l'Assemblée législative, ils n'attaqueront pas la Constitution et la République au profit de toute autre combinaison monarchique. Le bonapartisme n'a pas d'importance réelle, ainsi que je le démontrerai tout à l'heure, et ne peut pas les attirer dans ses rangs, alors même que d'autres considérations que celle de cette faiblesse, ne les en éloigneraient pas. Les légitimistes les ont trop longtemps et trop vivement combattus, ils ont eu une part trop réelle à la révolution de février, ou à l'opposition qui l'a amenée, pour que les conservateurs n'aient pas encore contre eux quelque rancune, et pour qu'on puisse croire qu'ils viendront se jeter en masse dans les bras de la légitimité. Ils sont donc par la force des choses ralliés aujourd'hui à la République.

Mais si la République ne réalise pas le bonheur de la France, si elle ne prend pas racine dans notre sol, si, dernière expression de la forme gouvernementale, non seulement elle n'a pas le privilége d'être à l'abri de toutes les attaques, mais encore si elle rend ces attaques plus vives, plus fréquentes, plus périlleuses pour la société, les anciens conservateurs iront plus tard à la légitimité, je le crois, et je dois le dire, puisque j'ai promis de parler sans réticences.

Ils iront à la légitimité, si la République fait défaut à leurs sentiments d'ordre et de conservation, parce qu'ils savent bien que les légitimistes ne peuvent pas aller à eux, et que cependant il y a entre les deux partis de nombreux points de contact, qui déjà ont amené leur coalition contre le socialisme et l'anarchie, et qui doivent un jour ou l'autre déterminer leur union complète et durable. Les légitimistes et les conservateurs peuvent même avoir un jour leurs intérêts dynastiques confondus, et un homme d'état éminent, résumait naguère cette situation, en disant que pour la famille de Louis-

Philippe, la royauté n'était plus aujourd'hui une question de *dynastie*, mais une question de *branche*. Il est certain que la stérilité de madame la comtesse de Chambord pourrait ouvrir une trop belle perspective à la branche cadette, pour que les partisans de cette famille n'entrent pas dans une voie qui peut les conduire légalement et sans secousses à la réalisation de leurs vœux, et plus même qu'à la réalisation de leurs vœux, puisque ce serait alors, en vertu du grand principe de la légitimité, que les princes auxquels ils sont attachés régneraient sur la France. Mais, je le répète, ce ne sera pas l'œuvre d'un jour, et il ne faut pas que ce soit l'œuvre d'un jour. La République peut d'ailleurs, en s'établissant d'une manière inébranlable, et en donnant satisfaction à tous les intérêts légitimes, retenir tout à la fois, conservateurs et légitimistes, sous le drapeau républicain, et j'aime trop mon pays pour m'effrayer de ce résultat, s'il est utile au bonheur et à la gloire de la France.

Des préventions qui ont fortement contribué à la chute de Charles X, et qui sont encore profondément enracinées, tiendront dans tous les cas un grand nombre de conservateurs, longtemps encore éloignés du principe de la légitimité; je veux parler des préventions relatives à l'influence de la noblesse et du clergé.

Je touche ici à des questions fort délicates. Mais elles naissent naturellement du sujet, et on ne gagne rien d'ailleurs à les éluder : il vaut beaucoup mieux les aborder de front, surtout quand on est convaincu, comme je le suis, que l'on n'a affaire qu'à des fantômes, sur lesquels il suffit de porter un peu de lumière pour les faire évanouir.

La reconstitution, je ne dirai pas des priviléges de la noblesse, mais même d'une aristocratie quelconque, est une chose impossible aujourd'hui; s'il est un principe sur lequel il n'y ait plus de dissidences, c'est celui de l'égalité devant la loi, et tous les partis s'en sont emparés avec une égale ardeur, parce que tous y trouvent d'immenses avantages. La masse du parti légitimiste

est au moins aussi intéressée que tout autre à son main-
tien ; et ce principe ne peut dans aucune hypothèse
courir le moindre danger.

Avant la révolution de février, lorsque le monopole
électoral empêchait de se rendre un compte exact de
la situation respective des partis, on a pu, pour refouler
au loin le principe de la légitimité, que l'on voyait toujours poindre à l'horizon, tantôt au couchant, mais
plus radieux, ensuite au levant, on a pu soutenir que
le parti légitimiste était le parti de la noblesse et des
priviléges : c'était une calomnie dont les faits les plus
évidents démontraient la fausseté, puisqu'une assez
grande fraction de la noblesse était dans les rangs des
conservateurs, et qu'un certain nombre de ses membres
était même parmi les républicains ; mais enfin cette
calomnie intéressée allait, allait son chemin, et il en res-
tait toujours quelque chose.

Le suffrage universel est heureusement venu donner
un éclatant démenti à ces mensongères allégations. Il a
démontré et démontrera plus catégoriquement encore,
que le principe de la légitimité a non seulement ses
partisans, disséminés dans toutes les classes de la société,
mais que même, le plus grand nombre appartient aux
classes déshéritées des dons de la fortune, et le plus
étrangères aux prétendus priviléges de la noblesse.

Qu'on se rassure donc, le triomphe du parti légitimiste n'aurait rien d'inquiétant pour le dogme de l'égalité. A défaut d'autre mobile, l'intérêt qui est le plus
puissant de tous, ferait respecter ce dogme, car la noblesse ne forme qu'une fraction à peu près impercepti-
ble de ce parti.

Sans doute, au sein du parti légitimiste, les hommes des
anciennes familles qui auront conservé intact l'honneur
de leur écusson, trouveront respect et sympathie ; sans
doute on ne leur fera pas un crime d'avoir eu une longue suite d'aïeux qui ont servi la France dans la magis-
trature ou dans les camps : on n'aura contre eux ni
haine ni envie, et on les verra au contraire avec bon-

heur servir leur pays, dans les conditions nouvelles où il se trouve placé aujourd'hui.

Mais on se gardera bien d'en faire une caste à part, et de les élever dans une sphère supérieure; on leur répétera au contraire que la noblesse n'est plus aujourd'hui qu'un souvenir, et que le mérite personnel doit seul maintenant être un titre au choix du gouvernement ou à la confiance de ses concitoyens ; ils n'auront sans doute pas besoin de ces avis, parce qu'ils comprennent leur époque. Mais si quelques-uns d'entre eux, se souvenant trop de l'illustration de leur famille, puisaient dans ces souvenirs mal dirigés, mal compris, des sentiments de morgue ou de fierté, les hommes du parti légitimiste seraient les premiers à leur dire : « Messieurs, vous faites fausse route; le temps des dis- « tinctions sociales est passé. Vous appartenez à des « familles anciennes, c'est bien, mais ne vous souvenez « de cette noblesse que pour pratiquer la maxime *no- « blesse oblige :* plus vous oublierez la distinction de vos « familles, pour vous élever uniquement par votre va- « leur personnelle, plus on vous tiendra compte de « cette illustration : plus au contraire vous paraîtrez « faire fond sur ce passé, au profit de votre présent, « plus on se montrera justement exigeant et sévère. »

Ces sentiments sont ceux de tout le parti légitimiste, mais il faudra encore un temps assez long peut-être, pour que tout le monde en soit convaincu, tant les préventions anciennes sont lentes à détruire, lorsque les passions surtout ont intérêt à les maintenir.

J'ai dit qu'un autre ordre de préventions contre le parti légitimiste, était basé sur la crainte d'une trop grande influence qu'il accorderait au clergé; je ne rappellerai pas toutes les attaques contre ce qu'on appelait *le parti prêtre et le jésuitisme.* Mon âge ne m'a pas permis d'être témoin de ce qui s'est passé à cet égard sous le gouvernement de la restauration, mais ce que l'histoire m'en a appris, me fait penser que le *jésuitisme et le parti prêtre,* furent alors des prétextes; que ce fut une arme puissante dans les mains de l'opposition, qui, à force de

répéter ses attaques, avait fini par les prendre au sérieux, et par avoir réellement quelque frayeur du fantôme qu'elle avait évoqué.

Je pense que si quelques imprudences furent commises de part et d'autre, par le gouvernement et par le clergé, elles n'ont jamais constitué un système, et que l'on s'est habilement emparé de quelques faits, pour les transformer, les dénaturer et surtout pour leur attribuer une importance qu'ils n'avaient nullement.

Quoi qu'il en soit, deux révolutions sont passées maintenant sur ces fautes, s'il y en a eu, ou sur ce fantôme créé pour les besoins d'une opposition impatiente et impitoyable. Ce qu'il y a de certain aujourd'hui, c'est que le principe de la séparation de l'église d'avec l'Etat est universellement adopté, et que le clergé reconnaît lui-même qu'une alliance trop intime avec un gouvernement quelconque, peut être excessivement nuisible aux intérêts de la religion. Le catholicisme, ainsi que son nom même l'indique, est la religion universelle, qui ne se préoccupe pas de la forme des gouvernements, et qui ne voit partout que des enfants, pour les aimer et pour les bénir.

L'admirable conduite du clergé depuis la révolution de février, nous dit assez ce qu'il saura faire dans l'avenir, quels que soient les événements qui passent sur la France.

Et si l'on n'a rien à redouter de sa part, on n'aurait certes rien à craindre non plus de la part des légitimistes, qui ont appris par une assez cruelle expérience combien l'apparence même d'une alliance trop intime entre la légitimité et le clergé, ont été nuisibles tout à la fois à la religion et à la royauté. Ils sont trop zélés catholiques, et royalistes trop dévoués, pour ne pas éviter avec la plus grande sollicitude, tout ce qui pourrait fournir un prétexte à des attaques, qui ont obtenu une fois déjà, un si déplorable succès.

Sur ce point encore, je n'ai pas la prétention de convaincre tout le monde, malgré l'énergie de ma conviction personnelle. Parce que le temps seul est assez puis-

sant pour détruire par une longue évidence, les préju-
gés que le temps a lui-même corroborés et pour renverser ainsi peu à peu son propre ouvrage.

Je me suis longtemps étendu sur les dissidences qui
séparent encore les légitimistes et les conservateurs :
je l'ai fait dans un double but; d'abord pour prouver
que toute tentative de leur part dans l'Assemblée législative pour renverser la Constitution et la République est impossible, et ensuite pour démontrer que ces
dissidences sont de nature à s'effacer plus tard, soit
dans la République, si cette forme de gouvernement
devient définitive, soit sous la monarchie légitime, si
la France veut un jour revenir à ce principe historique.
J'appelle de mes vœux les plus ardents, l'union de tous
les bons citoyens, et à aucune époque de notre histoire
cette union ne fut, je le crois, plus nécessaire; si, tout
en résumant fidèlement et sans faiblesses, l'état actuel
des anciens partis, je pouvais démontrer que leurs dissidences ne sont pas profondes, et contribuer à rendre
complet et durable le travail de conciliation qui se ma-
nifeste de toutes parts, je croirais avoir bien heureusement terminé le mandat honorable qui m'avait été
confié !

PARTI BONAPARTISTE.

Il me reste à parler du parti bonapartiste : je le ferai
en quelques mots, et je déclare tout d'abord que, comme
parti distinct et séparé, il ne me paraît pas avoir une
grande importance. En 1830, il était beaucoup plus
nombreux qu'il ne l'est aujourd'hui, parce que nous
étions plus près de la chute de l'empire, et que le duc
de Reichtadt vivait encore; cependant, au milieu de la
crise qui emporta la branche aînée, il n'y eut aucune
chance pour une restauration impériale, et le débat ne

s'établit qu'entre la République et la quasi-légitimité.
Plus tard, les tentatives de Strasbourg et de Boulogne
trouvèrent la France froide et indifférente.

L'élection du 10 décembre a dû produire quelques
illusions, mais il est bien facile de reconnaître qu'elles
ne seraient nullement fondées; tout le monde, il est
vrai, est aujourd'hui un peu bonapartiste, en ce sens
que la justice de l'histoire est déjà arrivée pour l'empire, et que chacun reconnaît et admire ce qu'il y a eu
de grand, de glorieux et de puissant, dans ce météore
qui a passé sur la France. Les uns admirent la gloire
militaire de cette brillante époque, et savent par cœur
le nom de toutes les batailles de l'empire; les autres
sont plus touchés de la gloire civile, et accordent de
préférence leurs hommages à la vaste organisation
administrative de la France et à la confection de nos
Codes, qui ont été copiés par toutes les nations de
l'Europe, comme la raison écrite des temps modernes.
Ceux-ci savent gré au gouvernement impérial d'avoir
comprimé la révolution; ceux-là d'avoir chassé les pro-
fanateurs de nos temples et d'avoir rétabli l'exercice de
la religion. Les fautes de l'empire disparaissent aujour-
d'hui derrière ces grandes lignes lumineuses, et, je le
répète, le sentiment universel est un sentiment de loin-
taine admiration.

Mais de là à la reconstitution de l'empire, il y a une
distance infranchissable, et si, comme je l'ai dit, tout
le monde aujourd'hui est un peu bonapartiste, bien
peu le sont assez pour désirer le rétablissement de la
dynastie impériale.

L'élection du 10 décembre s'explique par ce sentiment universel dont j'ai parlé; entre un des neveux de
l'empereur qui, venant solliciter la plus grande magis-
trature de la République, promettait de défendre avec
énergie tous les grands principes, si vivement attaqués
depuis quelques mois, et d'autres candidats d'une illustration beaucoup plus récente, et qui d'ailleurs étaient
tous, plus ou moins compromis dans le mouvement des
idées et des faits révolutionnaires, la France ne pouvait

pas hésiter, et le scrutin a prouvé qu'il n'y avait pas eu d'hésitation !

Mais, en décomposant cette magnifique majorité de cinq millions cinq cent mille voix, on retrouve le parti conservateur et le parti légitimiste presque tout entiers, et certes, ces deux grands partis ont bien voulu voter un fauteuil de Président au prince Louis-Napoléon, mais on ne les trouvera jamais disposés à lui voter un trône !

J'ai dit que le jour de la justice était déjà arrivé pour l'empire ; mais si l'on est devenu juste, on n'est pas devenu partial, et l'on n'a pas oublié qu'à cette glorieuse époque, la liberté fut toujours obligée de se voiler la face, et qu'elle eut même à subir de rudes, de déplorables atteintes ; or la France du 19e siècle a surtout soif de liberté, et deux révolutions ont été successivement faites pour essayer d'en obtenir une plus grande extension.

Toute restauration impérialiste est donc impossible aujourd'hui, et ceux qui la rêveraient se rendraient bien peu compte de l'état des esprits ; s'il était nécessaire d'apporter un nouvel argument à l'appui de cette impossibilité, je le trouverais dans les divisions mêmes qui existent entre les divers membres de l'ancienne famille impériale. Ce que je disais au sujet des divers princes de la famille d'Orléans, s'applique ici avec une analogie parfaite. Non ! l'hérédité ne s'improvise pas, ne se décrète pas, et quand on s'éloigne du principe de la légitimité, qui a pour lui la consécration des siècles, on ne trouve qu'anarchie au milieu de la lutte des prétentions personnelles.

La République et la Constitution ont donc encore moins à craindre de ce côté-là que des deux autres.

Dans cette revue des anciens partis, je n'ai pas cru devoir parler des différentes fractions politiques qui, ralliées à la dynastie d'Orléans, n'étaient cependant pas incorporées au parti conservateur, et formaient au contraire les nombreuses nuances de l'opposition dynastique ; il est évident que leur position antérieure à la révolution de février, leur a rendu plus facile l'accession au gouvernement républicain, et l'on voit, en effet, que c'est à ces fractions politiques, alors opposantes, qu'appartiennent aujourd'hui les plus hauts dignitaires de la République. Je ne pense pas avoir à défendre ces hommes distingués, du soupçon de conspiration contre le gouvernement qu'ils représentent; mon travail ne s'adresse pas aux montagnards, ou plutôt, je n'ai pas l'espoir de les compter au nombre de mes lecteurs; ils savent d'ailleurs très-bien eux-mêmes, à quoi s'en tenir, sur ces accusations dont ils font tant de bruit, et auxquelles ils voudraient tant faire croire, quoiqu'ils y croient eux-mêmes si peu! Je n'entreprendrai donc pas une réfutation complétement inutile.

Dans l'Assemblée législative, les divers partis dont je viens de passer la revue, seront d'accord pour prêter un loyal concours à la présidence du prince Louis-Napoléon. Je ne suis pas courtisan dans mes actes, et je ne veux pas l'être dans mes paroles; mais je dois dire cependant que le président de la République a justifié toutes les espérances que l'on avait conçues lors de l'élection du 10 décembre. Tout en se renfermant exactement dans le rôle que la Constitution lui a tracé, il a su imprimer une direction ferme et énergique à notre politique intérieure. Il a su résister non seulement aux attaques des hommes de la montagne, mais à leurs avances et à leurs flatteries hypocrites, ce qui était beaucoup plus difficile. Il a affermi l'ordre, ranimé la confiance et rassuré les intérêts, si cruellement menacés pendant les quelques mois de crise révolutionnaire; dans cette voie, et dans les limites de ses fonctions de président, il trouvera au sein de l'Assemblée législative concours et sympathie.

J'ai prouvé, je crois, que dans cette Assemblée la République et la Constitution ne trouveraient ni adversaires déclarés, ni attaques directes ; mais j'entends déjà répliquer autour de moi, que des attaques déguisées, et une hostilité patiente et prudente, pourraient bien être aussi dangereuses. Ma réponse sera franche et catégorique.

J'ai dit que je n'étais pas théoriquement républicain, et que mes convictions et mes sympathies étaient acquises à la légitimité. Mais nous sommes aujourd'hui en République, et je désire vivement que l'épreuve de cette forme de gouvernement soit loyale et complète. Cette épreuve ainsi faite ne peut conduire qu'à deux issues : ou bien l'expérience sera satisfaisante, et alors tous les bons citoyens se soumettront et je me soumettrai tout le premier à la décision souveraine du pays, qui sanctionnera en parfaite connaissance de cause la forme républicaine.

Ou bien au contraire les inconvénients se révéleront de toutes parts et décourageront les plus prévenus, en démontrant que l'élection appliquée au pouvoir exécutif, est une source intarissable d'incertitudes, de tiraillements et d'intrigues; et dans ce cas, je l'espère, tous les amis de leur pays se soumettront à cette décision de l'expérience et de la raison.

Mais il faut que les hommes dont les antécédents sont monarchiques ne fassent rien, directement ou indirectement, pour amener ce dernier résultat. Si la République doit tomber un jour, il ne faut pas que l'on puisse dire qu'elle a été minée sourdement : il ne faut pas qu'on soit autorisé à penser que si elle avait été plus franchement acceptée, plus loyalement servie, plus habilement dirigée, elle aurait pu subsister et faire le bonheur de la France; si elle doit tomber, il faut qu'il soit bien évident pour tous, que le vice de son principe et son opposition aux mœurs et aux intérêts de la France, ont seuls occasionné sa chute; il faut que cela soit ainsi, afin que si elle tombe nul dans l'avenir ne soit tenté de la relever de ses ruines, ou que du moins, tous les bons citoyens soient assez éclairés par une expérience décisive, pour repousser cette tentative.

Toutes nos illusions monarchiques, tous nos rêves de royauté populaire acclamée par la nation entière, pourront s'évanouir peut-être dans cette expérience loyale du gouvernement républicain, et quelques-uns pourront trouver que c'est jouer là un jeu bien dangereux; mais, à mon sens, le danger existe surtout dans les situations mal définies, dans les équivoques, dans les incertitudes, dans les tiraillements; et d'ailleurs pour des Français, amis de leur pays avant tout, il ne peut jamais y avoir de danger à accepter toutes les hypothèses qui réaliseraient le bonheur de la France!

Déjà dans l'Assemblée constituante les hommes des anciens partis monarchiques, sont entrés dans cette voie honorable : sans s'effrayer nullement de la forme républicaine, ils ont consciencieusement et laborieusement travaillé à asseoir ce gouvernement, sur les seules bases qui pouvaient assurer son existence. Pendant la durée d'une longue session, mais surtout pendant la discussion de la Constitution, on les a vus prendre constamment la République au sérieux, travailler avec soin à l'organiser, étudier et discuter les formes les plus applicables au nouveau principe, et voter enfin une constitution, qui, si elle n'est pas un chef-d'œuvre, est du moins une œuvre de bonne volonté et de bonne foi.

L'Assemblée législative suivra l'Assemblée constituante dans cette voie : sa mission *légale* est assez noble et assez belle pour suffire à toutes les ambitions et défrayer tous les patriotismes. Ce n'est pas par des coups d'état que l'on sauve un pays, et que l'on obtient une honorable célébrité : c'est par des travaux plus lents et plus difficiles, et c'est à ces travaux que l'Assemblée législative se trouve naturellement conviée.

Je ne suis pas de ceux qui pensent que tout est bien dans la société actuelle, et si les socialistes me paraissent injustes dans le tableau qu'ils font de notre ordre social, je ne suis pas non plus avec les optimistes, qui s'arrêtent pour tout admirer, tout encenser dans le passé ou dans le présent.

Notre ordre politique et notre ordre social réclament évidemment de nombreuses améliorations, et il serait insensé de fermer les yeux à cette évidence. Il faut sans doute opposer une digue puissante aux débordements du socialisme et de l'anarchie, mais c'est une digue mobile et intelligente qu'il faut employer aujourd'hui ; le temps des *bornes* est passé pour toujours !

Dans l'ordre politique, les ressorts de l'administration sont trop tendus, trop concentrés, et les idées de décentralisation devront nécessairement obtenir une satisfaction bien longtemps attendue. Cette satisfaction pourra parfaitement se concilier avec l'unité politique dont personne ne conteste la nécessité.

Les finances de la France sont dans un état déplorable ; les budgets ont successivement atteint des chiffres monstrueux, dont il faut aujourd'hui s'écarter avec un effroi salutaire. Ce que l'Assemblée constituante a pu faire en cette matière, a été contrarié par les nécessités depuis longtemps accumulées, et par la crise révolutionnaire elle-même. Il reste beaucoup à faire pour arriver à un chiffre normal et régulier, qui réalise enfin ce gouvernement à bon marché, si solennellement promis et si vainement attendu.

Nos impôts sont d'ailleurs mal assis et mal répartis ; la propriété immobilière est écrasée, et c'est toujours à elle que l'on a recours dans les nécessités publiques, tandis que la propriété mobilière, dont l'importance est immense aujourd'hui, échappe à toutes les charges, tout en exigeant cependant une protection encore plus spéciale que la propriété immobilière.

La situation diplomatique de la France a subi de graves échecs : l'Assemblée qui lui fera reprendre le rang élevé auquel elle a droit, aura bien mérité du pays.

Notre ordre social réclame aussi, non pas les remèdes héroïques que quelques empiriques ou quelques fous voudraient lui administrer, mais des études approfondies et des soins habiles et dévoués.

A toutes les époques de la vie des peuples, depuis l'avénement du christianisme, des remèdes se sont rencontrés pour les maux qui s'étaient révélés, et notre société est peuplée d'institutions admirables, qui prouvent que le dogme de la fraternité ne date pas seulement de la révolution de 1789. Des maux et des besoins nouveaux se manifestent aujourd'hui, il faut y porter remède, et prouver par des actes, que le 19ᵉ siècle ne le cède pas à ses devanciers dans son amour pour l'humanité.

Parlerai-je des besoins moraux de la société actuelle? ils sont immenses, et, quoi que l'on en dise, c'est là la grande plaie de notre époque. Ceux qui s'étudient à la soigner et à la guérir, seront à toute sorte de titres les bienfaiteurs de l'humanité; mais qu'on ne se fasse pas illusion : la religion est le seul remède à ces maux si pressants, car si la morale purement naturelle et civile, peut jusqu'à un certain point être une garantie dans certaines classes de la société, la morale religieuse est la seule condition de moralité dans les masses.

L'Assemblée législative consacrera les trois années de son existence à ces utiles et glorieux travaux; et, si à la fin de sa laborieuse carrière, elle pense que des modifications à la Constitution sont devenues nécessaires, elle le déclarera avec maturité, mais avec indépendance et énergie, quelque radicales que puissent être ces modifications.

Il viendra alors une nouvelle Assemblée constituante, sortie des entrailles de la France, pour examiner le vœu exprimé par l'Assemblée législative, le repousser si elle ne l'approuve pas, ou le sanctionner s'il répond aux nécessités et aux aspirations universelles; et alors la volonté de la France sera proclamée, et alors d'un bout du pays à l'autre, un cri unanime sortira de toutes les bouches : Vive la République!... ou vive Henri V !!!

8 mai 1849.

Paris. — Imp. de POMMERET et MOREAU, quai des Grands-Augustins, 17.